JN409249

그림자는
미친듯이
희망곡을 듣는다

그림자는
미친듯이 희망곡을 듣는다

처음 인쇄 2011년 7월 5일
처음 발행 2011년 7월 25일

지은이 / 홍 경 흠
e-mail/lubii1234@hanmail.net
펴낸곳/ 도서출판 엠-애드
등록번호 / 제2-2554
100-273 서울 중구 충무로4가 36-7 2층
전화 / 02)2278-8063/4
팩스/ 02)2275-8064
e-mail/madd1@hanmail.net

정가: 7,000원

이 책은 권기옥, 최정만, 홍수경, 이상현, 홍성숙, 이은석, 홍소양, 홍순양, 홍대근의 정성으로 출간되었습니다.

ISBN 978-89-6575-012-3

시인의 말

익숙한 것들과의 이별이 다가올수록 순간순간 쓸쓸했다.
나는 없고 나의 그림자만 미친듯이 희망곡을 듣는다.
경계를 넘어서자
너무 오래 몰랐던 위대한 자연의 잠언이
나의 피를 꼼꼼히 데웠다.
산 너머에 누가 있을까?
백분의 육십오가
햇빛에 반사되어 눈부시게 날아간다.
결단코
내 몸의 한 부분이나마 시가 되기 위하여

2011년 6월
홍 경 흠

그림자는 미친듯이 희망곡을 듣는다

차례

제 1부

제 2부

제1부

퇴직 즈음 1

내가 자꾸 없어진다
허공 속으로 사라질 것 같은

한평생 한 일이 아무 것도 없다는 듯이
까맣고

제 한 몸 지탱할 수 있는 뼈마저 휘고
허허벌판, 뿌리째 뽑힌 풀포기처럼

걸음 한번 옮길 때마다 마음까지 무너져
뜻 모를 허기로 지탱하는 순간

느릿한 걸음은
이쪽저쪽 기웃거려도 아직 서글픈

싸한 바람만이
고이고이 웃는
뒤로 벌렁 넘어진 꿈

퇴직 즈음 2

풀잎은
차가운 바람에 등 떠밀릴 때
몸을 오스스 뜬다

내가 눈 한번 깜빡하는 사이
사십년이 휙 지나갔다
맑은 눈물 한 방울 뚝

퇴직 즈음 3

어깨가 없는 사람이 걸어간다
기운이 쑥 빠진 듯 저 혼자 뒷골목으로

걸음을 옮길 때마다 없는 어깨에서 낙엽이 흩날린다
노을 속 까치밥 같이
그 뒷골목에서 바람에 쓸려간다

세상의 문을 열고 싶어도 닫혀 있어서
아프고 아파져, 아픔이 커져 황량하고 황량해져
걸음마다 벽
벽은 딱딱해서 뚫지 못하고 황홀한 시간까지 부셔버려
헛구역질이다

시름은 바다처럼 깊어지고
빙산의 숨결은
신열 앓는 소리만큼 커

오오 버림을 받았다는 듯이 흔들리며 흔들리며

미로처럼 엉킨 밤을 뜬눈으로 새우고, 다시

어깨가 없는 사람이 걸어간다
아직도 어딘가에 있을 희망을 찾아서

퇴직 즈음 4

해질 무렵 지난 삶이 흐릿하게 떠오르고
지금의 내가 어느 길로 갈 것인가 자꾸
되묻게 되고

내가 그곳에 있을 때 너는 그곳에 없었고
네가 그곳에 있을 때 나는 그곳에 없었고
그래서 우린 언제나 어긋났고

너를 내 것으로 몰래 만들려고 웃으며
풀과 풀벌레, 사막과 오아시스, 밤과 별빛으로
여러 장의 그림을 그려도
여기까지 오는 길에 한 번도 완성하지 못했고

애쓰다가 잠든 사이 창문을 두드리는 빗물처럼
어긋나며 이어지려는 아침과 이어질 듯 끊긴 저녁이
반복되어도 종일 화사해 지려고 다듬고

일테면 뭔가를 이루려면

개처럼 헐떡거리며 달려가지 않았기 때문이란
생각이 저 밤 빗소리에 묻히고
내일은 또 어떤 시간이 손을 흔들까 고심 되고

퇴직 즈음 5

짙은 숲에서
매미가 고요를 헹군다
그 많은 이야기로
길고도 긴 한낮을 적시고
아직도 할 말이 남았는지
생목이 울컥울컥 치밀어
까맣게 타버린 몸
얼마나 더 울어야 속이 후련할지

퇴직 즈음 6

진 꽃에도 꽃의 흔적은 있다
북소리였다 가슴을 두드리는 여운이라
시리고 아픈 순간에는 더더욱

퇴직 즈음 7

세상의 그 어떤 소리도 편안함도 나는 몰랐다
오직 늦은 문맹에게 두 눈을 부릅뜨고
줄곧 기호를 해독하는 소리만 들었을 뿐이다

그래 잘 했다

어쩔 수 없는 한 알의 모래

퇴직 즈음 8

낙엽은 나에게 뭔 말을 하는 것 같은데
나는 낙엽의 말을 전혀 알아들을 수가 없다
너의 의도라도 읽을 수만 있다면
얼마나 좋을까 되물어도
사라진 푸른 향기만 핑그르르 휘돌아
바람이 많은 이 세상의 길 어딘가에서
소리 없이 그늘을 껴안고 있을 것 같아
오늘만이라도 낙엽이 되어
해 뜨는 쪽으로 가는지
달 지는 쪽으로 가는지
찬바람 부는 그 언덕에서 한번 굴러봐야겠다

퇴직 즈음 9

그 나무는 외로워지기 시작했다
벼랑 끝에 서 있었기 때문이다
제 몸에서 싱싱하게 푸르기만 하던
그늘은 사라지고
서늘한 바람만이 휑하니 왔다 갔다 하는
인적 끊긴 돌산 짤매나무
이름 모를 새들의 재잘거림에
시간을 건너뛰다가
나무는 알았다, 절정은
그늘이 팽팽했던 순간이었음을
겨우 제 한 몸 지탱할 수 있을 때는
아직 끝나지 않은 사랑도 끝이란 것을
다시 제 몸을 일으켜 세워도
옛 그 길을 날수 없기 때문에
속으로 흐느끼고 있다는 것을

퇴직 즈음 10

누가 몰래 버린 헌 의자
거리에서 비를 맞고 있다
무슨 생각을 깊이 하는지
얼굴이 창백하다
비릿한 냄새가 퍼지고
바람이 몸을 흔들어도
꿈쩍도 않는다
이곳까지 오는 길이 어떠했기에
저렇게 하얗게 울까
누군가에 의해 곧 치워지겠지만
설령 제자리로 다시 돌아간다 해도
옛과 같을까
그의 빗방울 시간이
땅바닥에서 부서지고
신이 난 하늘만 귀신같이
제 몸의 먹구름을 털어내며
의자를 적시고 적셔
그의 두 눈은 벌겋게 불이 났다
내일은 내일의 의미가 없기에

퇴직 즈음 11

내가 거리를 걸어갈 때
뒷골목이 손짓했다
……… 구두에 빛이 나지 않아서

누가 나를 바라볼 때
나는 선글라스를 쓰고 있었다
……… 저절로 민망해서

누가 나를 부를 때
나는 괜히 부끄러웠다
……… 심히 작아져서

누가 나를 껴안을 때
나는 아무 소리도 못했다
……… 빈손을 들킬까 두려워서

퇴직이라는 소리를 들을 때

나는 나로부터도 없어졌다
……… 나는 나에게 화가 나서
그 짧은 시간에 심장이 움츠려들었다는 사실에
온몸으로 울어보는 밤
……… 그냥 살자고

퇴직 즈음 12

1
소처럼 묵묵히 하루하루를 일궈
들판에 꽃을 피운 사람
그는 그것을 쉽사리 포기하지 못한 채
해맑은 일터에서
그것을 지게막대기로 받쳐 놓고

2
지게막대기가 쓰러지는 순간
그는 일터에 털썩 주저앉아
말이 없다 허공을 바라본 채
자기 할 일만 하는 바람에게
등 떠밀리며
손발이 부르트는 시간에

3

손발에 날개가 있다면
맞바람을 뚫고 눈부시게 날 때
그 하늘을 지금 나는 꿈
깨어보니 그 자리, 한 떨기 들국화
밭고랑만 환한

퇴직 즈음 13

알래스카, 카트마이 국립공원
붉은 연어 떼
모천으로 가기 위하여
세차게 내리는 물살을 뛰어오르는,
불곰에게 잡혀 먹히는 찰나에도
강물은 은빛 화살로 흐르고
연어는 그 산실에서 죽음으로
하얗게 굳어가는 시간에
존재는 저마다 고개를 끄덕여
시간으로 빚어진 신기한 풍경에
만나지 못할 사람에게 묻는다
길은 어디에 있는가
둘만 모여도 정년퇴직 이야기를 하는 요즘
나를 다치지 않게 모두 새소리만 내는데
풍경이 나를 끌고 간다

퇴직 즈음 14

물맛이 독약 같고
길이 사막 같을 때

시내 한복판
바람 한줄기 없는
도로 위 매연 풀풀 내뿜는
낡은 버스

저건 폐차 시켜야지
어디서 굴러다녀

기침 소리 높아
모두 코 입 막고 걷는

내가 걸어오고 갈 길
미로 같은 아름다운 세상

퇴직 즈음 15

서늘한 바람이 그냥 싫은
어쩔 수 없이 알아가는
찢어지는 소리

그저 그렇고 만사가 귀찮을 때
무기력해져서

개흙 씻고 갯바닥에 서서 지는 노을 바라보며
그 바다 파도 소리에

무모함이 바위처럼 바다에 뛰어들어
헤어나지 못하고 어느새 자갈이 다 되어

누구에게나 사랑 받는, 뒷모습 같은
짙은 바다 향기만 내뿜어

유리처럼 다 들여다보이는 아직도 못 벗고 있는
지난 시간들

사방으로 흩어져 적막하기 그지없어
다시 떠날 준비를 해도
한발자국도 내딛지 못하는

퇴직 즈음 16

문득 나는 한 외딴섬에 버려지는 것이다
무인도의 겨울 비탈에 서 있는 것이다
세차게 일렁이는 파도가 얼마나 무서운지
하마터면,

파도가 부서져 낱낱의 물방울이 되었다가 바다가 되었을 때
그 자리에 오래 서 있다 보면
집착이 뜨거우면 근심도 뜨거워져 물결 사이로 헤엄치는 물고기 소리를 듣지 못한다는 것이다

파도가 나의 모습을
천천히 불러오는 동안
생각해 보니
그래도 쓸쓸하다는 것이다
지금부터 터덜터덜 걸을 수밖에 없다는 것이
첫발을 내딛는 순간
아름다운 저녁 하늘이

그들의 세상 속으로 가고 있다

퇴직 즈음 17

십이월은
낙엽을 밟으며
개나리꽃을 바라보는 계절

나뭇가지 울음에
옷깃 여미고

마른 길에
날 선 바람 부는

짧은 낮에
지나간 날들이

있는 듯 없는 듯
울었던 웃었던

좁은 길모퉁이

우두커니 서 있는

그게 나인 것을
미처 몰랐다는 것이

살갗을 뚫고
향기로 솟아올라

끝난 길에서
다른 길 걸으려고
마음 세우는

퇴직 즈음 18

길의 끝은 언제나 길이 있다
산허리 타고 진달래꽃 막 몰려다니듯
바람 싸한 길에서
어떡하든, 꼭, 시작한다
새 길이여 서러워 마라
진화하는 의지는
허공에 떠 있는 심장의 팔다리가
후들거리지 않을 때까지
설움이 어우러진 서툰 걸음으로
어두운 길의 가장자리에서
감당할 수 없는 끊긴 길을 건너뛰어
먼 불빛을 향해 조심조심 걷는다

퇴직 즈음 19

굵은 함박눈이 펑펑 쏟아지는 날
문득 나는 혼자인 듯해 무척 외로웠다
주변은 너무 조용했고
사무실 벽에 걸린 시계 초침 소리는 독경 소리
나의 불꽃 삶은 먹다 남은 찬밥
배가 고파도 아무도 먹지 않을 것 같아
그게 슬프기도 하고
빈병처럼 굴러다닐 것 같기도 하였으나
왠지 모를 자신감이 나를 다독여서
함박눈 속을 무작정 걸었다
몸이 무거워 지고서야
자책할 일이 아니란 걸 알았다
앞으로 그런대로 환하게 살기 위해서는
수모는 허물이 아니란 것도 알았기에 속으로 구시렁
거리다가
눈 위에 벌렁 누웠다가 일어섰다가
눈뭉치를 허공에 던진다

퇴직 즈음 20

얼마나 마음이 상했는지
볼살이 쏙 빠졌다
길 위의 선을 지울 수도 없고
나이를 탓한다
남새밭이라도 일구자니 밤을 지새워도 모자랄
지난 삶의 실선이 푸른 하늘 구름 한 점
수많은 밤을 얼마나 더 뒤척거려야
살랑거리는 바람과 정을 나누며
소처럼 웃을까

내 몸은 헛꿈이다

퇴직 즈음 21

그는
새 길을 찾기 위해
이 길 저 길 가리지 않고
흙바람 길을 갔다
흙먼지를 뒤집어쓴 채
땀에 젖은 옷으로 아침을 맞이해
어떤 수군거림도 그를 막지 못했다
차츰 길이 환해지자
거저 앉아 있는 사람들은
그의 땀은 보지 않고
의자만 보고 말했다
누워서 하늘을 나는 수가 있구먼
괜히 후끈 달아올라
그를 저울질 하는 모습이
아무래도 일침을 맞아야

퇴직 즈음 22

전에 살던 사람이 미워했던 너
눈물 비친 플랫폼의 무게 같아
손끝마다 꿈틀거리는 살해
어디 남해나 설악산이나
외국 여행이라도 하든지
화장실에도 가지 않고
눈 크게 뜨고 매일 그 자리에 서서
내가 기절하면 안아 일으키고
내가 술에 취해 잠들면 흔들어 깨우고
이게 마지막이라며
수갑이 되고
폭탄이 되고
귀신이 되고
서러운 하루의 끝을 짓밟아
너를 보는 순간
나는 한 마리 기러기
뭇별에게 아무 말도 할 수가 없는
피투성이로

같이 자고
같이 일하고
같이 울고 웃는
너는 1초도 틈을 주지 않는 잔인한 화살

퇴직 즈음 23

출근을 하려고 현관문을 여는데
거미집이 막아섰다
아, 밤사이에
웬 거미가 이렇게 빨리
평생 살 집을 남의 현관문 앞에다
짓다니
거미의 행위를 탓하는 내가 어리석다는 것을
잠시 잊은 채
무심코 거미집을 떼어내려고 하는 찰라
잡은 벌레를 먹고 있는 거미가 눈에 확 들어왔다
현관문이 여러 개였으면 좋겠다
하나의 문에는 거미가 살고
하나의 문에는 내가 살고
퇴근길에도 거미는 현관문을 가로막고 있었다
죽기를 작정한 듯이
불쾌하기 그지없지만 하는 수 없이
거미집을 그대로 두기로 하였다
가만히 문을 열면 거미집이 늘어나고

가만히 문을 닫으면 거미집이 줄어드는
특수공법으로 지은 저 거미집
온몸으로 울어 본 사람은 안다

퇴직 즈음 24

외부의 충격에 의해서만 상처가 생기는 줄 알았다
파도가 길을 막는 바위를 들이받거나 먼지와 먼지의 부딪침
2월 달에 퇴직이라는 말을 듣고 앞으로 뭘 하나 생각하다가 알았다
낮인데도 캄캄한 어둠 같이 막막할 때
내부의 충격에 상처가 더 크다는 것을
몸의 실금
도시의 불빛이 휘황할수록
옛날은 문득 오고
어떻게든 그 이후를 햇볕같이 놀려고 하면, 다시
젖은 명치끝만 아프고
그래도 푸른 샘을 파다보면
몸은 바스러져 내가 내 아닌 듯이 와르르 무너지는데
바람은 나무와 장난을 치고 있다

퇴직 즈음 25

퇴직이라는 것은 사회 구조의
체계다 그렇지만
당사자는 한없이 아프다는 것이다
보통 영예라고 말은 하지만
이것은 허공의 무게일 뿐
무덤 속 몸빛과 다르지 않다
몸빛이 관 속에서 번쩍할 때마다
폐가의 뒤뜬 문살 부러지는 소리
창호지를 두껍게 바르면
빈 산 해거름 장끼 소리
과거를 잊으려고 뒷길로 접어들면
비로소 영예라는 말이 가슴을 치는데
갑자기 온몸이 짜릿해지는 것이다
세상에 선이 없는 곳이 어디 있냐
모든 것에는 선이 있거늘
선은 선으로 이어져 있거늘

퇴직 즈음 26

거품이 넘치는 맥주잔 속 어눌한 말
늦은 밤 홀로 공원 벤치에 앉아 있는 막대기
집에서 뛰쳐나와 이슬 맞는 애완견
다리를 절뚝절뚝 절며 걷는 비둘기
먹구름뿐인 하늘, 사선으로 쏟아지는 비
길 없는 길 때문에 잿빛 허공을 떠도는 노래
그 몸짓으로 끼니를 걸러 수척한 얼굴

가을의 길목에서 매미 소리를 들으려고
퇴직이라는 줄 위에서
물구나무서기를 하다가
외출할 때마다 화려한 옷을 입어도
일방적으로 외로워져
상처는 상처를 아물게 하는 천사
병든 저녁에 더 분주해 항상 배가 고픈 퇴직자

퇴직 즈음 27

당신에 대한 기억이 나를 자극해
욕설을 마구 퍼부어도
고요히 웃다가 날 바라보는 눈빛이
보채는 동생에게 젖 먹이는 울 엄마 같아
전신에 까스스하게 돋은 솜털
몰려오는 서러움을 혼잣말로 내쏟는 몸이 떨고
떨리는 몸속에서 시원하게 당하는 당신이
무덤덤해, 열 받아서
내 조그만 발바닥 아래 당신을 꿇어앉혀 놓고
내가 짓밟으면, 짓밟히는 순간 당신은
산산이 부서지면서도
나의 이름을 부르지 않아
나 혼자 부서지는 순간
속도가 나를 끌어안아, 세상이 그려낸 감옥
나는 멀리멀리 당신 곁을 떠나고 싶고
당신은 그런 나를 붙잡고 놓아주지 않고

퇴직 즈음 28

네모난 종이 위에서 나를 지켜보고 있는 눈
납작한 눈에도 힘이 있다
눈을 지그시 감고 있어도 몹시 엄해 보이는
입 없이 말을 하는 눈빛에게 세상이 일치되어 있다

사람을 썰렁하게 만들고
마음속까지 뒤집어 놓는 눈
이젠 어쩔 수 없다고, 그만두라고
내가 용서를 안 한다고, 눈웃음 한번 주지 않는 눈

그 눈빛에 맞서는 사람에게
목에 칼을 씌우는 종이
그 눈을 찔러버리려는 사람에게
스스로 자신을 태워 재가 되는 종이

그때마다 눈은
자신의 결과를 자책하며
비바람이 부는 대로 몸을 맞겼다

기러기처럼 울었다

그런 눈을 보호하기 위하여 세상은
문이 없는 지하 벙커를 만들고
문이 없는 금고를 만들고
그 속에 눈을 고이 모셨다

눈은 엄밀한 곳에서도 세세히
차가운 눈빛을 번뜩이며
지상에서 진화하는 욕망이라는 옷을
거침없이 벗겼다

퇴직 즈음 29

한해도 하루도 저무는 노을 고운 산봉우리
싸한 바람에 나무가 휜다

이리저리 시달리며 살아가는 나무
떨어져나간 이파리를 바라보며 수치심으로 운다

바람 속에서 다가오는 대한(大寒)이 실오라기 하나 걸치지 않은 채
나무의 축 늘어진 어깨뼈를 부러뜨린다는 소문이 파다했다

나무는 아버지가 말한 대로 새로운 날이 올 거라 믿고
고통으로 시간을 빚어 당당하게 찬바람과 맞섰다

먼 산봉우리를 아롱아롱 건너 뛰어오는 아지랑이를 보면서
나무의 눈에는 눈물이 핑 돈다

나무는 자신을 아프게 하는 것들을 받아들이기로 했다

퇴직 즈음 30

책상 위에는 컴퓨터와 책과 서류들이 가지런히 놓여 있다
푸른 숲은 향기롭고 아름다워
상쾌한 새소리로 시작해서인가 뒤꼍으로 나와도 꽃길이었다
그곳에서 몸은 스스로 움직여 뜨거운 태양을 게워내며
계단을 오르다가 구름에 빛이 가려졌을 때
목민심서를 읽고 다시 밑그림을 그리고 늦게 퇴근하는 시간들이 쌓여
첫눈이 내릴 때마다 내겐 꽃이 피었고 뭇시선이 쏠렸다
배롱나무 밑에서 동료에게 끝이라고 생각하면 안 된다고 말할 때쯤
나는 차츰 기억을 잃어가면서 기록의 힘으로도 멀뚱멀뚱할 때였다
바람이 금빛처럼 나의 상처를 핥아주었고,
밀리고 떠밀려, 숨을 쉬다 보니 어느새 정년이 되었다
문밖을 나서기가 싫었다, 누군가 부르는 것 같아서였

다

혼자 속을 끓이며 얼마나 더 마음을 추슬러야 비로소 존재할까

퇴직 즈음 31

정년퇴직,
또렷한 손사래로 나를 흐트러트려
바람이려니 했더니 무덤이었다
깊어지는 주름살 속 겹겹으로 그늘이 쌓여
심장 끓는 봄은 가고
누군가의 느닷없는 안부는
갈라터진 젖은 동굴
없는 의자에 혼자 앉아
책상 서랍
여닫는 사이
빈 삶의 쓸쓸함
쓰레기봉투에 담고 담아 다 버려도
버린 것보다 더 무거운 내 몸
씩씩하게 꾼 꿈 찬찬히 되짚어 봐도
낯선 땅
시간을 앞질러 뛰어나가면 비 내리고
뒷걸음치면 유년의 창백한 잠
놀라

새 와이셔츠에 새 넥타이를 매도
고백 한마디 건넬 수 없는
처마 끝에 걸린 시래기 같은
저녁
내가 태어나기 이전의 불법이란다
어쩐지

퇴직 즈음 32

나는 어둠에 덮인 산에 올라 미친 듯이 소리를 지른다
메아리가 없다
한 번도 가 본 적 없는 황량한 사막이다
모래 바람뿐인 방의 문을 닫아도 모래 바람뿐이다
방문을 열면 어딘가에 오아시스가 있을 것이다
그날도 방안은 텅 비어 있었다
졸던 바람이 하품을 할 때마다 모래 먼지가 날린다
모래 먼지의 사생활에 관여하고 싶지는 않지만 질투가 많다고 느꼈다
나는 모래 먼지의 실체를 볼 때마다 기분이 나빴다
바람을 등에 업고 훽 다가왔다 슬며시 사라지기 때문이다
그리고 나중에 보면 그 모래 먼지에 누가 쓰러져 있다
쓰러진 사람이 흐느껴 울기라도 하는 날이면
나는 그 울음 속으로 들어가 서로 껴안고 싶다
못 다한 이야기를 나누며 오아시스까지 걸었으면 좋겠다
언제부턴가 오늘은 없었고 나의 몸은 굳어갔지만

각종 사이트의 검색창에 묻기도 그랬다

그런 나의 침묵 앞에 나타난 악수는 나의 들숨 날숨을 크게 하려고

계산된 입술이 넘쳐흘렀으나 치유는커녕 그 무엇도 바꾸지 못했다

나는 죽어가는 존재일까, 죽은 존재일까

시퍼렇게 든 멍 자국이 사라지자 나는 나를 찾아 나섰다

내 발목에 귀신같이 매달린 쇳덩이도 더 이상 거치적거리지 못하는

나는 자유인이란 것을 알았기 때문이다

퇴직 즈음 33

다른 시간에서 온 듯, 길 건너 버스를 타는 그를 보면
존경스럽다
냉각된 뼈를 녹여
대롱거리는 꿈을 꼿꼿하게 세워 신기하다

죽음을 비웃듯이
안개처럼 피어올라
공터에 나무를 심는

잘 가거라 옛아, 그동안 고마웠다
바꾸고 낮추고 새롭게 걸어가는 그는
세상에 첫발을 내딛기 이전보다 더 꽃의 기억을 지워

두려운 눈빛으로
새 움 틔우는 소리에 매달려 미안할 정도로
손에 익히고 가슴에 새겨도 왠지 낯선
잔인한 시간을 껴안고
그의 현기증으로 자라난 나무가 큰 키로 숲을 이루자

사방에서 전화가 걸려왔다

1일 3교대
밤일에도 아픔이 사라지고
꿈을 대신하던 슬픔이 날렵하다

퇴직 즈음 34

자전거를 탄 사람이 안양천에서 한강을 향해 페달을 밟고 있다 맞바람이 불어서인가 몹시 힘들어 보인다 핸들의 오른손을 놓으면 핸들이 오른쪽으로 꺾이고 왼손을 놓으면 왼쪽으로 꺾여 양손으로 핸들을 꼭 잡고 마른 길을 달리고 있다 귀담아 들어보면 뼈 부서지는 소리가 가늘게 떨고 있다 도무지 가늠할 수 없는 희망이 한강으로 달리고 있다 늦은 오후마다 지칠 줄 모르고 은밀히 회색빛 얼굴을 지우고 있다 길 가장자리에 그 남자 여자, 장미꽃처럼 붉게 피려는 듯 다가오는 자전거를 탄 사람에게 백합 같은 웃음을 보낸다 바람이 그 남자 여자 가슴을 더듬고 있다 하트 모양의 초콜릿이 우르르 쏟아져 나와 길 위에서 나뒹굴고, 자전거는 쓰러질듯 저만치서 무겁게 달리고 있다 서로 다른 방향으로 가고 있어, 언뜻 보아도 닿지 않는 인연이 스쳐 지나가고 있다 일순간 고요가 흐르고, 오래지 않아 삐걱거리는 자전거가 참담하게

퇴직 즈음 35

그날이 다가올수록 마음이 허전합니다
앰보셀리 초원의 늙은 사자처럼
마음과 몸은 어딘가에 기대어 살고 있는데
바람 한 가닥 없는 그 언덕 홀로인 듯 해
오래도록 같이 근무했으면 좋겠다는 말이
나도 모르는 사이에 잠꼬대로 들립니다
그저 조용히 사무를 보고 싶어도
자꾸 하늘을 멍하니 바라보게 되고
끝내 불끈거리는 마음은 불더미 같아
말 한마디 못하고 온몸은 재가 됩니다
그러다가 깜짝 놀라 중얼거립니다
삶의 속도를 조절하지 않으면 안 됩니다
낯설더라도 한 발짝 뒤에서 초점을 맞춰야 합니다
잘 모르고 앞서가다간 넘어지기 십상이니까요
늙어서 쪼그라들면 다시 펴기 어려우니
없는 듯이 살다 보면, 누가 아까부터 쳐다보는

퇴직 즈음 36

나는 혼자다
베네치아 뒷골목 이정표 아래서 아메리카 콜라를 마신다
외로움이 벽과 벽에 부딪치며 출렁거리는 아드리아 해 바닷물만큼이야 되겠냐 싶은 순간 갑자기 나의 내부가 뒤틀리는 불안한 마음에 낯선 길을 재촉한다
어스름이 내리는 어느 좁은 골목
호기심과 흥미와 불안이 흘러간다

이상하게도 나는 한마디도 중얼거리지 않았다
휘황한 불빛에서 바우타, 판탈로네, 모레타 마스크가 나를 보고 있었다
나를 주인으로 모시고 싶다는 듯
간절히 나를 바라보고 있는 것 같다
마구 부끄러운 밤이다
지금은 하늘로 날아오를 가능성이 없어서 마음을 달래보려고 여행 중이니 공연히 말 걸지 말라는 식으로 의미없는 눈빛만 보냈다

선착장으로 가는 시간이 얼마 남아 있지 않았다
나는 나를 계산하지 못하고 마음만 끓고 있었다

풍경은 어둠에 숨어 있었고 꼬불꼬불한 길은 불빛 아래서
고개를 갸우뚱거리고 있었다
막막한 걸음일수록 시간은 나의 옷자락을 뒤에서 잡아당기고
선착장은 나를 지치도록 놔두지 않아 다행이었다
그러나 이미 늦었다
그곳에는 바닷물만 철석거릴 뿐이다
우수수 밤하늘이 무너진다
번들거리는 땀방울은 어떡하든 밀라노에 가려고 두리번거리고

퇴직 즈음 37

아침에 깨어 보니 세상이 눈으로 뒤덮였다

이마의 땀방울을 닦아 내며 쌓인 눈을 치우는
짧은 이야기가 모처럼 이웃이라는 것을

아무리 꽉 막힌 세상이라도 이런 아침엔
골목에서부터 길이 뚫리기 시작한다

오고 가는 이야기와 길이 뚫리는 시간에는 속도가 있다

퇴직 즈음 38

하늘이 맑고 흐린 것을,
계절이 갔다 다시 오는 것을,
세상이 수시로 변하는 것을,
사람이 웃다 화내는 것을,
나는 기억한다
이를 펼쳐보면 기쁨보다는 참담한 것이
많다
이런 것들에 분노가 없을 때
그토록 두려웠던 밖을 아무렇지 않게
걸어갈 수 있다

퇴직 즈음 39

캄캄한 세상은 사방이 벽으로 둘러싸여 있다

더듬거리는 손길에 실오라기만 한 희망을 실어
굳은 몸을 땀으로 녹이며 밖으로 나가는 길을 찾아도

번들거리는 공포가 전신을 옥죌 때엔
의식의 눈을 크게 뜨고 노래를 불러야 한다

지친 어둠이 긴 잠에서 깨어날 때까지
모든 잘못을 붙잡고 비틀거릴 때까지

어느 곳이든 섞여들어 맑은 눈물을 흘릴 수 있다

퇴직 즈음 40

떠나야 하는 줄 알면서도
그 자리에 그대로 있고 싶어
내 삶이 그를 꽉 부여잡고
청승스레 하소연을 늘어놓는 상상을 한다
지금까지 함께 했던 시간을
마감한다는 것은
소름이 돋고
손끝에서 술잔이 가늘게 떨어
술기운 사이로 치솟던 어지러운 마음
온몸을 휘젓고 다니다가
스스로 굴복하자
비로소 자유로워져도
그에게 자비를 구하는,
내가 걸어왔던 시간과
내가 걸어갈 시간은
한순간에 사라지고
나보다 먼저 바람이 아파한다

퇴직 즈음 41

언젠가부터 예고된 그날이 오기까지
그는 빗소리를 내며 돌아다녔고
그날 이후를 어떻게 보낼지
시름시름 앓는 기색이 짙은 보랏빛이더니
두 눈 부릅뜨고 있는 공문서 위세에 눌려
심드렁한 얼굴로 대충 작성하다가
미꾸라지 한 마리를 놓쳐 버려
빈 몸 같다는 소리를 정면에서 듣고도
그날 이후를 들이킨 꿀물에 입맛이 써
저 숲에서의 꿈도 희미한 채
이 숲의 미로에 갇혀
두껍게 밀려오는 어둠을 뒤늦게
온몸으로 막아도 차츰 휘어져
예고된 그날이 오기 전에
겨우 금잔디 한 포기 심었는가 했더니
어디선가 헛바람이 또

퇴직 즈음 42

내 몸은 오늘도 날개를 달고 미래로 가서 끈질기게 이 문 저 문을 두드리다가 흙빛 얼굴이 되어 노을 지는 강변을 걷는데 이제 시간이 얼마 남아 있지 않다는 생각에 빈병처럼 사는 것이 어쩌면 먼저 꽃을 볼 수도 있을 것 같아 막걸리 한 잔으로 목을 축이자 가슴부터 따뜻해지기 시작하는 늦은 밤 별빛에 아내에게 소식을 전하고 곧바로 사무실로 출근해 일과를 끝내고 다시 파도만 철석거리는 어느 캄캄한 방파제에 서니 젊은 시절만 어른거리는 깊은 공허가

퇴직 즈음 43

눈 한번 많이 왔네요
길이 싹 없어졌네요
이 새벽에
눈 치울 생각에 탁 터인 바다가 생각나네요
그때마다 눈의 무게에 정신이 아뜩하고
내 몸은 헛간에 버려진 쇠막대기가 아닌 듯이
집요하게 눈을 치울수록 허리가 무너져 내려
부실한 나를 수소문하니
예순다섯의 나이가 의지와는 상관없이
허허로운 웃음이 되어간다는 것을 알았을 때
미치겠네요

퇴직 즈음 44

벌써 여기까지 왔나 싶어 사방을 둘러보니
앙상한 나뭇가지들이 바람의 눈치를 보며
은근히 그 계절 자신을 옥죄던 태풍을 이겨낸
이야기로 그림을 그리는 모습이 참으로
그럴듯해 한 발짝 한 발짝 다가서니 진지하게
안개 속에서 저 혼자 푸르고 싶어 안달이라
모든 것에는 시작과 끝이 있는 것이니
그렇게 마음 붙일 데가 없는 것은 네 잘못도 크다
자기 자신부터 헤아려 남과 의사소통이라도 해라
그럼 세상의 기준이란 것이 바뀔 수도 있으니
저 하늘의 싸락눈 소리에 잠을 설치지 않아도

퇴직 즈음 45

밤새 내린 눈이 얼어붙으면서
제 몸의 날을 세우고 있다
악어 이빨 같은 생각이 도로에 엉겨
자동차 바퀴를 헛돌게 하고
달리고 싶은 꿈을 멈추어
꾸지 못한 꿈이
바동거리는 모습에 즐거워하는
저 심통
또 누군가 폭설에 갇히고
시간이 싱싱한 낮을 훌쩍 넘기면
초조하게 기다리는 사람이 애타 부르는
발갛게 익은 눈물
기온이 내려갈 때마다
서서히 굳어져 눈에 파묻혀 가는 것
그것이 나를 삼키는

퇴직 즈음 46

그것은 또 다른 삶의 시작이다 날 수 있는 날개도 부러졌기에 빛나던 보도도 잃었기에 이를 잊고자 갈대처럼 휘청거리다가 새로운 시작을 준비하려고 강철처럼 단단해지지만

그것은 또 다른 삶의 시작이다 어딘가로 살금살금 기어가려는 부푼 가슴은 몸 안에서만 출렁거릴 뿐 몸 밖으로 한 발짝도 나가지 못한 채 거실 TV 앞을 맴돌며 머뭇거리다가 털썩 주저앉는다

그것은 또 다른 삶의 시작이다
담벼락을 넘어
잿빛 거리를 바라보는
내부는 뜨겁다
바깥은 차갑다
소리는 날카롭다
그 소리에 배어나는 삶은 구름을 닮아 갈 뿐이다

퇴직 즈음 47

캠핑카로 아우토반을 달리니 어깨를 짓누르던 그 무게는 어느새 사라지고
낯선 풍경이 확 끌어안는다
얼마나 달렸을까

마음 밑바닥의 티끌 하나 없이 다 토해냈다
여기까지 와서야

신권보다 왕권이 우위였던 아비뇽을 찾아갔다
십자가만 빛나던 교황청 철문이 쾅 닫히는 소리
문 밖 사람들 일제히 속 끓는 소리
성모마리아님! 예수님!

바가텔라 캠핑장 깊은 밤에
14세기를 거닐며 유난히 붉은 저녁노을 앞에 서 있는데
막다른 골목의 웅성거림에 이끌려 고개를 기웃거렸더니

맞이하는 이 없는 시신 하나가
또 어디로

모기가 나를 물든 말든
모기향을 피우지도 않고 허연 살을 내줄 때
탁 터인 맑은 목소리
내일은 내일 속으로 뛰어들면 또 다른

온 길 갈 길이 즐겁다

퇴직 즈음 48

석모도가 보이는 강화도, 바닷가에 서 있다

유속이 빠르기도 하지만 물빛이 파랗지 않아 까닭 없이 바다가 아닌 것 같기도 하다
뭔가를 꼭꼭 숨겨 놓고 있는 것 같기도 하고

영하 십칠도
유빙이 둥둥 떠다닌다
혹시 빙하 시대로 가는 길목인가

바닷물은
너무 헝클어진 마음 때문에 몸을 버려둔 것 같기도 하다
너무 억울해 탄식하다가 혹독한 날씨에 기절해 설사를 한 것 같기도 하다
아냐 꿈을 찾아 현실에서 재빠르게 달아나고 있는 것 같기도 하다
아무튼

칼바람이 나의 살점을 찍어 누르자 따뜻한 자동차 안으로 뛰어가는데
알 수 없는 곳에서 먼 시간을 숨 막힐 듯이 달려온 바닷물이
저토록 황토빛이라니
도대체 무슨 일이 있었기에

퇴직 즈음 49

폭설이 내리는 어느 날 아침 산을 오른다 누가 먼저 갔을까 저 희미한 발자국 위로 나의 거친 호흡이 내뿜는 입김이 점점 굵어지는 눈발에 묻혀 미끄러지지 않게 좁은 보폭으로 걸음을 떼어 놓으며 신경을 곤두세우는데 내리는 눈과 쌓인 눈이 칼바람에 흩날려 온몸을 휘감을 때는 괜히 왔나 싶은 후회가 앞을 가로막아도 몸은 계속 앞으로만 나아가다가 휘몰아치는 눈보라를 걱정할 사이도 없이

이런 날은 불굴의 의지만이

저 춥고 딱딱하게 굳어가는 눈 속을 뚫고 나갈 수 있다

퇴직 즈음 50

어느 사무실에 갔다가 나와 똑 같은 사람을 보았습니다 사무를 차분하게 처리하지 못하고 안절부절 어쩔 줄을 모르는 사람 언제부턴가 저러고 있다고 하였습니다 그 사람은 복도 끝과 비상계단과 화장실을 자주 찾는다고 합니다 줄담배도 피고 팔짱을 끼고 고개를 숙였다가 쳐들었다가 창밖만 바라보는 일이 많아졌다고 합니다 양어깨가 축 늘어지고 걸음에는 힘이 없어 보였습니다

그날이 코앞에 다가왔습니다 그렇게 활기찬 그 사람은 기운을 잃고 달려오는 봄빛 앞에서 가만히 울고 있습니다 어깨가 흔들리도록 흐느끼고 있습니다 창을 뚫고 들어온 햇살이 유난히 추운 사무실 꽃병에 꽃을 꽂으면 그 사람은 시린 눈으로 꽃을 바라볼 뿐입니다

퇴직 즈음 51

소와 소가 싸움을 한다
뿔은 목덜미를 파고들며
급소를 노린다
찢어진 살 속에서 피가 나온다
붉은 피, 구경꾼들이 촉촉한 것에 눈멀어지는 사이
재빠르게 도망치는 소
숨을 헐떡거린다
한몫 잡으려는 노름꾼은
큰돈이 들어오리라는 순간이 사라지자
넋을 잃고
모래판의 핏덩이는
눈부신 하오의 햇살 속에서
자맥질을 하는,
막무가내 저 판을 누가 벌려놓았나
들끓는 욕망이 빠져나간 그 자리엔
하루가 휴지처럼 구겨진다

퇴직 즈음 52

나는 큰 북극곰에게 물었다
너는 극한 상황에서는 새끼나 작은 북극곰도 잡아먹는다면서
너의 본성이 무엇이냐

북극곰이 다가오고 있다
얼음이 된 나는
내 생각이 맞기를 기도한다
동물은 배가 부르면 먹이를 보고도 그냥 지나친다는 그 말

북극곰의 야성을 탓할 수는 없다
북극곰의 등을 타보고 싶은 생각을 갖지 않았으므로
시작하기도 전에 잡아먹힐 수 있기에

나는 잠시
그 자리에서 죽은 듯이 있다가
북극곰이 사라지자
안전지대까지 한걸음에 뛰었으나

퇴직 즈음 53

그날이 다가오면 누구나 몸은 야위어간다
세상은 온몸으로 붉은 선을 그어놓고
엄중하게 감시를 한다
아예 선을 넘지 못하도록
사람들은 미리 잔치를 벌이기도 하고

어제 같은 그 옛날이 큰 길을 가로질러
첫 출근한 사무실 한 귀퉁이
곡선으로 이어지는 상사의 책상
내 꿈이 날갯짓 하던 곳
세상은 여기까지 곱게 왔으면 고맙다고
박수를 치고 있다

누구나 한두 번은 실수를 하고
그 실수를 거울삼은 열정
가는 곳마다 팔월의 산
사무실은 수양버들
아픔에 먼저 닿아

비린내를 싹 지운 봄밤
그의 자리
못다 피운 꿈을 꽃피우려는 사람들
뜨겁게 달궈져

덫에 걸려 직장 떠난 의자를 가리키며
저렇게는 되지 말아야지
검디검은 손길 단숨에 거절하는
단단한 마음만이
오르고 오를 그 자리
하얗게 빛나, 기립박수 받으며 받으며

내 추억의 호수에 잔잔하게 이는 잔물결
남은 자의 자리에 귀감으로 앉아 있다

퇴직 즈음 54

나는 걱정한다
그 생각이 점점 커지고 있다
해골 같다
내가 날 쳐다봐도 내 몸을 찢고 싶다
당신이 봐도 그렇겠죠
방안에만 있을 거니까 더 그렇겠죠

내가 나를 다스릴 수가 없다
알 수 없는 불안이 몸을 휘감는다
바람에게 물어봐야겠다
왜 숨어서 다니냐고
밤에 나뭇가지를 더 세게 흔드는 것 같은 느낌은 무엇을 의미하냐고
어느 먼 곳에서 분실한 물건을 찾지 못해 몹시 화가 난 것이 아닌가 하는

나는 아직도 쉬어야 할 때라고 생각하지 않지만
그래서 생산적인 활동 나이가 정해져 있는 것이 아닐

까 하는,

난 아직 젊다는 말 하지 말래요
누가 봐도 충분히 젊으니까요
그래도 육십대라는 것을 잊지 말라내요
이마의 주름살이 그걸 증명한다네요
냉정을 되찾으면 알겠지만 그건 젊음이 아니래요

퇴직 즈음 55

그는 두 눈과 코와 입과 귀가 귀엽게 생겨
귀공자다
공손한 몸가짐으로 매사에 빈틈이 없고 차가워
누구나 약간의 적개심을 품는다
생각해 보면 그는 나를 순식간에 치우고
흔적도 없이 지우고, 지워진 곳에는 다른 나를 세우고
그와 나는
무기 없는 대치 상태로 그의 목소리만 들려도 즉시 무릎을 꿇고
나는 조용히 도를 닦는다 심히 구겨진 나를 펴 보이기 위하여
그는 다만 그 자리에 그대로 있을 뿐인데
한가하게 누워서 빈둥거릴 뿐인데
그의 도도함과 의연함에
나의 왜소함이 무섭게 쏘아보아도
스르르 녹는 아이스크림의 절망뿐이라
그냥 꼬꾸라져 숨을 가쁘게 몰아쉬다가
더 잃을 것이 없자 조금은 밝아지지만

악몽을 꾸는 것은 반복적으로 지속되어
빳빳해진 나
나는 언제나 잠의 공포에서
그가
바라보는 가운데
달아난다 아주 멀리 달아난다

퇴직 즈음 56

당신은
단두대가 있는 광장 같다
매의 발톱 같다

가만히 있어도 긴장된다
한밤중 미심쩍은 계단 뒤 비명처럼
몸서리쳐지는 소리다
도망갈 수 없다는 게 우습지만

당신과 휴전선은 한결같이 녹슬어 가도
치명적으로 날카로워
고만고만한 나이들을 일렬로 세워 놓고
애완견이 꼬리에 리본을 달고 흔드는 그날 아침
굵은 목소리로 몸을 훑고 긁고 헐게 하여
시멘트 바닥에 내팽개쳐
그 울림에
여보
아버지

선생님
그런 애절한 속울음을 뒤로 하고
당신은 지존이 되었다

한번으로 끝나는 것이 아니고
매년 이맘때면 여러 명의 입을 또 없애는

퇴직 즈음 57

동물원 우리 안에서
기린이 웃고 있다
시간이 흘러가자 기린은
푸른 고향을 잊어갔다
우리 안 환경이 달라질 때마다
우리 안 환경과
우리 밖 풍경이 달라질 때마다
우리 밖 풍경과
어느덧 하나가 되어
기린의 동공 안에 우리 안팎이 있고
우리 안팎의 가슴에는 기린이 있어
얼마나 껴안았을까 눈빛이 맑다
동물원은 그 끝을 성큼성큼 밟고 간다

퇴직 즈음 58

친구들 내게 농담을 하며 한턱 쏘라고 한다 정년퇴직은 명예로운 것이야 아무나 할 수 없는 그것도 평교사로, 목소리가 크다 비아냥거림도 섞여 있어 뒤끝이 발끈한다 몸속 피가 역류하자 등짝이 서늘하다 나는 나의 감정을 감출 수 있는 붉은 가면을 쓰고 시퍼런 칼날을 치켜든 채 친구들의 목을 겨눈다 어설픈 강도가 장난감 총을 겨눈 것처럼 모두 웃음으로 넘긴다 그런 어느 날 나는 도서관 사서 자리에 앉았다 제멋대로 쏘다니는 바람과 먼지에게 공손하게 인사를 한다 무거운 책은 들어다 준다 질문에 답한다 계단을 쓸고 꽃을 심는다 도서관이 변했다고 수군거린다 다른 도서관에서도 우린 왜 변하지 않는가 한다 서울 도서관이 밝아졌다 고맙습니다 이런 분도 있기는 있네요 새로운 사례라고 지역 매스컴마다 지면을 할애했다

퇴직 즈음 59

무거운 걸음으로 현관문을 나서는데 후배 선생님이

요즘 여러 가지로 섭섭하시지요
가시더라도 삭 가시지 말고
남은 기간만큼의 마음은 남겨 놓고 가세요
그래야 우리도 덜 섭섭하지요
그래야죠
오가는 것이 쉬운 것 같지만 그게 만만치 않은 일이라

꽉 잡은 손을 떼지 못해
깊이 껴안는데

헤어지면 만날 수 있는 기회가 자주 없겠죠
무슨 그런 말을, 시간 나는 데로 가끔 들릴게요

넓은 운동장은
임종의 시간 같아서
눈가에 눈물이 맺혔다

퇴직 즈음 60

학생이 없다 출석부도 없다 일과표가 없다 책걸상이 없다 시간표가 없다 교과서 참고서 컴퓨터가 없다 토론이 없다 협조와 부탁이 없다 쓰레기통도 없다 축구공 배구공 농구공 야구공도 없다 훌라후프도 없다 검사와 지적과 지시와 확인이 없다 럭비부가 없다 공문서가 없다 감사가 없다 보고도 없다 긴장감이 없다 교실도 선생님도 없다 운동장도 없다 식사 시간이 없다 출퇴근이 없다 아침저녁이 없다 낮밤이 없다 하루가 없다 요일이 없다 월별이 없다 계절이 없다 그동안 나에게 있었던 규칙적인 것과 불규칙적인 것들이 한꺼번에 없어진다 잠깐 환하겠지만 곧 나태해진 나는 부인에게 매일매일 혼날 것 같은 예감이 든다 꽃다발을 바쳐도 안 되겠지 싸우지 않았으면 좋겠다 죽을 때까지

퇴직 즈음 61

팔월의 어느 날
등나무 밑에 앉아 있는데
이파리 하나가
맥없이 떨어지는 것을 보고

싱그럽게 푸르러도
날아오르려는 꿈은
섬세하지 않으면
아픔이 될 수밖에 없다고 생각했다

하물며
뛰어난 뇌라도
퇴행하는 뇌로 보는 정년제는
당연하다, 라고 웃어넘겨도

어디 따뜻한 세상이 없나 싶어
이곳저곳 살피는
나

나는 그런 세상에 갇혀
다른 세상으로 흘러가는

퇴직 즈음 62

그는 뭔가를 골똘히 생각하는 것 같았다

허탈하게 웃는 얼굴에서

희귀병을 앓고 있는지도 모른다

그는 내리덮인 두꺼운 눈꺼풀을 위로 밀어 올리고 있었다

저절로 감겨져 내리는 눈꺼풀의 무게도 무거울 텐데

버틴다는 것은 한숨이 나온다는 것이다

흰 구름이 환하게 웃으며 지나가고 있었다

퇴직 즈음 63

재취업에 웃다 깬 밤중
TV를 켜 놓고 돋아난 잡풀을
쥐어뜯는다
마른 땅에서라도 돋아나야겠다는 잡풀은
순간, TV 속으로 빨려 들어가고
TV 속 묘약이
괜찮은 몸을 만드는 사이
잡풀이 돋아난다
뜯기지도 않는다

제2부

오늘, 없는 친구에게서 전화가 왔습니다.

친구가 멀리 떠나갔다고 전화가 왔습니다
그 순간 힘이 쭉 빠집니다
내 생전 처음 겪는 일은 아니지만
하늘이 까매지고
어릴 적 시절이 손짓합니다
해말간 그리움들
배고파 깊은 잠 이루지 못한 시린 빛들
소설책 책장을 넘깁니다
너무 많은 눈물이 흘러 다 읽지를 못했습니다
개떡 두어 조각과 냉수 한 사발이
그예 그렇게 되었다고
눈빛이 닿았던 자리마다 쌍무지개가 뜨고
산마루에 걸린 낮달의 하얀 웃음소리가
상큼해 갑자기 미칠 것 같습니다

죽음과 맞선 삶이 꽃처럼 눈부셨습니다
벌판에 나무가 자라나기 때문입니다

보이스피싱

네가 나에게 속삭이는 순간 나는 바보가 되었다 왜냐하면 깊이 숨겨놓은 나의 비밀 병기를 무의식적으로 작동해 나를 지웠기 때문이다

소리만 있는 자극에 끌려 다닐 때 한번쯤은 걸음을 멈추었어야 했다 멈춘다는 것은 되돌아가기에 좋으니까

알 수 없는 행동이 땅바닥에 고꾸라지는 순간

너는 웃고

나는 울고

있어도 없고 없어도 있는 소리만 사방에 가득한데, 애꿎은

꿈場

어둠 속에서 별이
손짓할 때마다
뒷구멍까지
환해지는 것은
몸을 짓누르던 악몽이
손가락에 쿡 찔려 흩어지고
천 개의 얼굴이 붉게 익어
삶의 이쪽과 저쪽을
일으켜 세워
허공벽에 도배를 하면
한 아름 꽃의 웃음이 터져
시계를 볼 때마다
신나고 근사해
손길 닿는 곳마다
꽃에서 꿀을 얻는,

너도 없고
나도 없고

헹굴 수 없는 누추한 오늘만
새파랗게 질려 있는

꿈길

보름달이 구름과 숨바꼭질하던 밤
그 길을 같이 걷던 꿈은
지금쯤 어디에 있을까요
나는 또 어디로 가야
그 길을 걸을 수 있을까요
나 혼자 이렇게 그 길을 그리워하는 건
아마도 아니겠지요
이제 내가 그 길을 걷고 싶어도
없는 길을 걸을 수 있는 것도 아닌데
그 길이 문득문득 생각나는 것은
왜일까요
아직도 가슴이 가끔 슬퍼지는 것은
있는 그 길이 날 버려두지 않고
없는 그 길이 내게서도 떠나지 않고,
꿈 많은 어린 시절로 돌아가는 길

태풍 곤파스

숲이 쓰러지고 하늘이 보였다 기상 이변에 대한 이해할 수 없는 설명이 뒤늦게나마 매스컴마다 귀가 따갑도록 반복되었지만 맨살을 드러낸 산비탈과 부서진 집이 허탈해 할 때 나는 한숨으로 불안에 떤다 버스도 지하철도 다 끊겼다 다행히 배수가 잘되는 것이 마치 한 번도 가보지 못한 그곳으로 여행을 떠나는 것처럼 기뻤다 9월의 거미줄에 매달려 달리는 꿈, 뭉게구름처럼 몸을 부풀리는데, 하오의 빛이 어스름에 묻히자 어디선가 들려오는 굉음이 어떤 징조 같았다 움직이고 또 움직여도 원래의 궤도가 아니었다 다 사라진 뒤의 행진곡은 기만 같은 것이었다 그래도 당분간은 핸드폰에 귀를 기울여야 할 것 같다 허전한 마음이 삐거덕거리자 주변에 촛불이 하나 둘 켜지고 라면 끓는 냄새가 어둠에 묻혀간다 모든 것이 낯설고 겁이 났다 도시의 불빛은 여전히 별나라 같은데

빛의 줄기

꽃씨를 뿌리고 꽃이 필 때까지 손질한다

꽃나무가 자라나는 모습은 가냘팠다
잡풀들은 뱀의 혀처럼 독을 가졌고
나무는 양팔을 쳐들어 빛을 가렸고

꽃에는 목표만 있는 것이 아니라 이정표도 있다
피터지게 싸우는 어둠에 여명이 오듯이
텅 빈 가슴에 모닥불을 피운다

미래가 맡겨놓은 무게가 힘에 겨웠으나
문제는, 바라는 대로 꽃이 아름답게 필 수 있을까
미래의 완성은 언제나 현재에서 시작되므로

번개표 날개를 단 꽃은 거침없이 피기 시작했다
날개는 에너지가 떨어지면 날지 못하므로
꽃은 불화를 지우고 화합을 집어넣어 눈물방울 떨어진
다

꽃의 빛이 하도 뜨거워서 꽃동산엔 향기가 진동했고
바람에 흔들리면서도 여백을 채워, 운치가 더해
꽃잎 끝에 매달린 문답은 환했다
꽃동산엔 말더듬이가 종을 치고 노래를 하고
한 발짝 내디딜 때마다 미래가 빠르게 다가와
성대한 잔치를 위한 낮과 밤이 웅성거린다

셀 수 없는 나비와 벌들이 색소폰을 불 때까지 바라본다

40년대 사람들이 걸어가는 하루하루

차가운 세상을 껴안고 억척같은 사람들이
고요히 우는 어느 날
제 몸의 길을 다 돌아다닌다

가슴에 핀 모닥불
캄캄한 어둠 속 늪에서 헤어나
숨 쉴 겨를도 없이
맨발로 횃불을 들고 뛰면서
새 세상을 열려고
들리는, 들리지 않는 소리의
낱낱까지 찾아야
편안하게 똥을 눌 수 있는
생의 어디쯤에서
열정이 다 타버려
힘겹게 힘겹게
세상을 일으켜 세웠다

울다 지쳐 웃음을 잃어버린 사람들

누가 기억이나 할까
몸무게를 잴 때마다 체중계 눈금이 늘어나는 이때

꿈이란 무엇인가

햇살이 눈부신 겨울 숲
잊힌 꿈이 희미하게 떠오른다
세상에 내 놓을 만한 카드가 없을 때
꾼 꿈이 꿈의 세상에 갇힌 꿈이었다는 것을,
이제 다시 꿈을 꿀 수 있을까
변하지 않는 존재의 꿈 말이다
마치 거리의 동상 같이
서 있는 장소가 아니라
가고자 하는 방향의
희망 같은,
고개 숙인 자여
꿈을 잃었다고 말하지 마라
당신의 눈물
그것이 꿈이다
어제 당신이 바란 대로
오늘 그 일이 다 이루어진다면
그것이 꿈일까
목표와 꿈의 차이가 미묘하기는 하지만

유통 기간이 있는 과자처럼

고향의 눈

오랜 그리움의 눈, 삭막하고 삐쩍 마른 들판을 본다
휘어진 등에 짐을 지고 힘겹게 걸어가는
맨살의 그 사람이 보인다
회오리바람들이 먼 들판에 넘어지고
평생 들판을 일구며 들판을 벗어나는 일 없이
들판의 넓이를 재보는 그 사람
내가 버린 고향과 내가 잃어버린 고향 사이에
우리가 있은 자리를 지울 수가 없어
아주 오래전부터 귀를 기울이지 않아도 들리는
들판의 노래에 정신을 빼앗기고
작은 눈으로 우는 동안
햇빛이 풀밭에 걸터앉아 땀을 훔치는 한낮
곤히 낮잠에 빠진 그 사람의 고요
큰 날개를 달았다
희망의 소리들이 환해지며 서로를 밀어내듯
고단한 것은 일이 아니라
꼭 이루어야 할 목적이라고
고봉으로 담은 하루 셋 끼의 거친 식사에

시원한 들판, 그 사람은 제 눈으로 오래 바라본다
시간의 독약이 그의 몸을 갉아먹지만 않았어도
거대하게 빛나는 들판이 홍수에 견뎠을 것이다
그 사람이 쫓기듯 일군 들판이 어느새 황무지가 된 채
들꽃이 띄엄띄엄 피었다
자연이 파 놓은 함정, 헤어날 수는 없을까
벌레들의 허기가 깊은 구멍을 파고
그 사람의 숨결만 푸르게 일렁거려
기억의 가속도가 동공 속에서 멈춰도
거꾸로 서 있는 들판에 그리움이 연기처럼 피어오르고
그 곳에서 오래도록 머문 것은 눈물로 자란 풀 뿐이다

공부의 힘

숙변이 꽉 찬 항문에 힘을 주고
앞서 가는 사람이 되기보다는
뒤에 있는 사람을 부둥켜안고 같이 가는 것이다
형제였던 것처럼

그 자만에 아프다

이 세상에서 제일 예쁘다고 생각한 꽃은
황홀한 애교가 넘쳐흘렀다

환상으로 몸이 붉어지는 어느 날 몸마디마다
통증이 숨바꼭질 하듯 해 눈물까지 말랐다

뒤돌아보니 겁도 없이 사이와 사이의 경계를 지웠으나
어느 누구에게도 버팀목이 되지는 않았다

인연이란 것도 가슴에서 난 싹이 혼을 빼앗겨
세상의 곧은길을 같이 걸어갈 수 있을 때에야

투명하게 진심을 보여주지 않았을 때
꽃이라 한들 자신을 지키는 수단으로 보일 수밖에

벌초

1
무덤에서 문자가 도착했다
이번 추석 전에 얼굴이나 한번 보자

2
희미한 기억의 저장고가 창문을 열고 고향 하늘을 바라본다
하늘 전광판에 영상화 된 기차가 구름 속을 지나가고 있다

3
홍수로 없어진 논둑 끝에 서서 가녀린 희망이 몸을 떨면, 들판에 너부러져 있는 농기구들이 몸을 곧추세우고, 가난은 물레방아처럼 돌아가며 몸을 부풀리고 있다

4
다 헐리고 없는 폐허에 제복을 입은 사람이 건물을 짓고 있다 책에 쌓여 스스로를 일으켜 세운 빌딩이 함께 찬란하다

5

지금은 밭으로 변한 옛집이라 고향에 발걸음조차 하기 싫은 내가 나에게 들킨 것이 부끄러워 스스로를 할퀴는 고양이의 발톱이 날카롭다

6

아직도 어딘가에 남아 있을 법한 혐의를 지우기 위해 음덕에 대한 찬치를 열었다 잔칫상 둘레엔 이해와 용서가 있다

7

눈이 퉁퉁 붓도록 울어, 버려졌다고 생각되었던 격리된 시간이 웃는다

8

무지개 뜬 하늘이 내일로 걸어가자 가슴을 비집고 다시 들어온 옛이 무한한 우주가 되고 무수한 꽃이 된다

9

너무 짧은 하루였다

진짜로 웃고 싶을 때

직장이란
정면보다
뒷면보다
정면과 뒷면의 틈새를 잘 살펴야 한다는 것
정면의 웃음과
뒷면의 이빨을
소리 안 나게 뚫고 나아가야 한다는 것
활짝 웃는 것도 중요하지만
이빨에 물리면 어디론가 밀려난다는 것
앞서 가는 것보다 뒤서 가는 것이,
잘난 것보다 못난 것이,
경계를 무너뜨리는 것
그 못난 것에 매달려
잘났어도 너쯤이야 그래서
정면보다
뒷면보다
틈새를 노려서
웃는 것이

어쩌면 직장에서 오래 웃을 수도 있어서
지 이유 없는 웃음과 이빨이 무섭다는 것

섹스

표정을 찡그리는 충치를 뽑고
태양 속 구름 침대의
거울에서 보랏빛 꽃잎 흩날리는,
연착된 막차를 기다리며
만사를 버무려
황홀한 탄성으로 눈 감는
안개 자욱한 옛집
때 이른 개나리 꽃눈 터지고
별 무리 세상을 펴 담아 거칠 것 없이
몸과 마음의 감옥을 산산이 부셔
목련 진달래 초롱꽃 와인 운명 교향곡
수탉이 푸드득 홰를 치는 첫새벽
막 끓인 라면을 겉절이로 뚝딱 해치우면
뙤약볕이 벗어놓고 간 비옷
어지러워 쓰러진 벌판
곰삭은 새우젓이 된
그 날이 한순간 같아
뱃속에서 두견새가 우는

겨울맞이

해가 멀리 달아났나
날씨가 뿔이 난듯해서
구석구석에 쌓인
어제를 쓸고 닦고
유리창 틈을 테이프로 봉하고
화분을 들여놓고
샤워를 하고
일회용 면도기의 면도날이 너무 무뎌서
덥수룩한 수염을 뜯기고
상추·고추 삼겹살 된장에
달아올라
식탁의 털털한 웃음
줄곧 먼 길을 가는데
부엉이가 우는
캄캄한 밤
은하수의 행군에 그림자가 없다

退職에 對한 心理學的 考察

– 홍경흠 시집 「퇴직 즈음」을 中心으로 –

문학평론가. I · A · E · U 명예총장 · 金 仙

글 쓰는 일을 천직으로 알고 문학 활동은 하되 「한국문단」과는 어느 단체, 어느 누구와도 교류하지 않고 오랜 기간을 은둔자처럼 살아온 필자는 이른바 주례사 같은 내용의 글은 스스로 삼가 해 온 편이다. 그런데 이번에 홍경흠 시인의 「퇴직 즈음」에 담긴 詩作들을 통독 한 후 나름대로의 인상과 소회를 인생 오후를 맞이하는 시인의 측면에서 생활에 관련시켜 심리학적으로 간략히 논급하기로 결정하였다.

유명한 철학자이자 수학자인 프랑스의 파스칼은 그의 직업관에 대하여 이렇게 정의한 바 있다.

"생애(生涯)에 있어서 가장 중요한 것은 직업(職業)의 선택(選擇)이다"

누구나 세상에 태어나 살아가자면 대부분 직업과 더불어 삶을 영위하게 된다. 보편적으로 몇 십 년 동안 직업과 관련된 삶 속에서 상황에 따라 온갖 체험과 심리적 변화를 겪으며 불가분(不可分)의 관계 속에 생활해야 하는 필연성을 지닌다. 그래서 "직업에는 귀천이 없다"는 말이 생겨났다. 누구나 자기 직업에 대한 천직윤리(天職倫理)와 소명의식(召命意識)을 지니고 자신의 직무(職務)에 성실하게 사는 그러한 대상이 가장 보편적이고 이상형(理想型)의 인간이라고 여겨진다.

홍경흠 시인은 그의 가장 중요한 생애를 교육자로서의 직무에 충실하게 살았던 「모범 교육자」이다. 그런데 꼭 교육자가 아니더라도 직업에서 퇴직 기간을 앞둔 모든 직장인의 심사를 리얼하게 터치한 그의 작품들에 대해 몇 몇 사례를 예시(例示)하면서 주로 심리학적인 측면에서 그 의미론을 부여하기로 한다. 홍경흠 시인이 전자에 간행한 시집은 제외하고 본고(本稿)에서는 「퇴직 즈음」에만 국한시켜 언급하기로 하겠다.

시집 「퇴직 즈음」은 동일 제목의 연작시 형식으로 구성된 작품들이다.

내가 자꾸 없어진다

허공 속으로 사라질 것 같은
한 평생 한 일이 아무 것도 없다는 듯이
까맣고

제 한 몸 지탱할 수 있는 뼈마저 휘고
허허벌판, 뿌리째 뽑힌 풀포기처럼
걸음 한번 옮길 때마다 마음까지 무너져
뜻 모를 허기로 지탱하는 순간

느릿한 걸음은
이쪽저쪽 기웃거려도 아직 서글픈

싸한 바람만이
고이고이 웃는
뒤로 벌렁 넘어진 꿈

「퇴직 즈음 1」 全文

풀잎은
차가운 바람에 등 떠밀릴 때
몸을 오스스 뜬다

내가 눈 한번 깜빡하는 사이
사십년이 휙 지나갔다
맑은 눈물 한 방울 뚝

「퇴직 즈음 2」 全文

「허공 속으로 사라질 것 같은」「제 한 몸 지탱할 수 있는 뼈마저 휘고 / 허허벌판, 뿌리째 뽑힌 풀포기」에 자신의 심경을 담아 묘파하고 있다. 교육자로서의 시인이 이른바 「퇴직 즈음」에 임하여 만감이 교차하는 심사를 「내가 눈 한번 깜박하는 사이 / 사십년이 휙 지나갔다 / 맑은 눈물 한 방울 뚝」

어떤 현학적인 분석, 또는 주석이나 부연이 필요치 않을 정도로 사십년간 몸담았던 교육계에서 자신의 본의(本意)와는 다르게 세월에 의해 밀려나는 심사가 리얼하고 진솔하게 독자의 가슴에 어필, 공감대를 확장시킨다.

예시(例示)한 작품과의 동일한 이미지의 연장선상으로 작품⑤에서는「짙은 숲에서 / 매미가 고요를 헹군다」「생목이 울컥울컥 치밀어 / 까맣게 타버린 몸」이렇게 시인 의식의 심리적 묘사, 효율을 극대화 시키고자 「짙은 숲」「매미」, 마치 연극의 무대 장비, 필수품을 갖추듯 유효적절한 배경 공간을 설정하여 시인 자신은 일인(一人)모노 드라마를 연출하기도 한다. 한 마리 매미는 짧은 기간을 울고자 오랜 시간을 땅속에서 애벌레, 오랜 기간의 인고의 시간을 겪어야 하듯이 사십년이란 세월이 마치 매미가 자신의 울음을 그치듯 그러한 순간을 맞으려는 시인의 심사가 「퇴직 즈음10」에서 이렇게 전개된다.

누가 몰래 버린 헌 의자
거리에서 비를 맞고 있다
무슨 생각을 깊이 하는지
얼굴이 창백하다
비릿한 냄새가 퍼지고
바람이 몸을 흔들어도
꿈쩍도 않는다
이곳까지 오는 길이 어떠했기에
저렇게 하얗게 울까
누군가에 의해 곧 치워지겠지만
설령 제자리로 다시 돌아간다 해도
옛과 같을까
그의 빗방울 시간이
땅바닥에서 부서지고
신이 난 하늘만 귀신같이
제 몸의 먹구름을 털어내며
의자를 적시고 적셔
그의 두 눈은 벌겋게 불이 났다
내일은 내일의 의미가 없기에

「퇴직 즈음 10」 全文

「누가 몰래버린 헌 의자 / 거리에서 비를 맞고 있다」「비릿한 냄새가 퍼지고」「이곳까지 오는 길이 어떠했기에 /

저렇게 하얗게 울까」. 시인은 세월이란 무정한 철칙에 의해 쓰임새의 기능을 상실, 버려진 헌 의자에 자신의 감정(感情) 이입(移入-empathy)으로 공감대(共感帶-sympathy)를 확장, 지나간 세월에 얽히고설킨 수많은 애환과 사연, 온갖 복잡다단한 심사를 반영시키고 있다. 시인 자신이 마치 용도 폐기 된, 버려진 의자와 유사하다는 심리적 자괴감을 지극히 낮은 톤으로 그 쓸쓸함, 천직으로 삼고 봉직해 온 지난날들을 새삼스럽게 진정한 삶의 의미를 반추하고 있음을 본다.

천고의 일성(一聖)으로 일컬어지는 성현 공자께서도 흐르는 양자강을 바라보면서 그 심사를 이렇게 토로했다고 전한다.

"아아, 가는 자 또한 이러한가, 밤낮을 가리지 않고……"

「퇴직 즈음 22」 후반부에서 시인은 세월에 대한 어떤 상실감, 또는 허탈감에 대해 이렇게 노래한다. 「너를 보는 순간 / 나는 한 마리 기러기 / 뭇별에게 아무 말도 할 수 없는 / 피투성이로 / 같이 자고 / 같이 일하고 / 같이 울고 웃는」, 그리고 끝맺음에서 「너는 1초도 틈을 주지 않는 잔인한 화살」이렇게 세월이란 대상을 의인법으로 구사, 섬뜩하리만치 예리한 절창으로 끝맺고 있다.

거품이 넘치는 맥주잔 속 어눌한 말
늦은 밤 홀로 공원 벤치에 앉아 있는 막대기
집에서 뛰쳐나와 이슬 맞는 애완견
다리를 절뚝절뚝 절며 걷는 비둘기
먹구름뿐인 하늘, 사선으로 쏟아지는 비
길 없는 길 때문에 잿빛 허공을 떠도는 노래
그 몸짓으로 끼니를 걸러 수척한 얼굴

「퇴직 즈음 26」 후반부

불과 인용하는 7행의 구절에서도 이질적(異質的) 대상들을 동질적(同質的)으로 결합시켜 더욱 절실한 호소력을 자아낸다. 「맥주잔 속 어눌한 말」「늦은 밤…… 막대기」「이슬 맞는 애완견」「절뚝절뚝 절며 걷는 비둘기」「사선으로 쏟아지는 비」「잿빛 허공을 떠도는 노래」. 이렇게 상황 전개가 빠른 표현 기법으로 시인의 델리케이트한 심사를 유효 적절히 묘사하는 특출한 재능을 나타낸다.

떠나야 하는 줄 알면서도
그 자리에 그대로 있고 싶어
내 삶이 그를 꽉 부여잡고
청승스레 하소연을 늘어놓는 상상을 한다
지금까지 함께 했던 시간을

마감한다는 것은
소름이 돋고
손끝에서 술잔이 가늘게 떨어
술기운 사이로 치솟던 어지러운 마음
온 몸을 휘젓고 다니다가
스스로 굴복하자
비로소 자유로워져도
그에게 자비를 구하는
내가 걸어왔던 시간과
내가 걸어갈 시간은
한 순간에 사라지고
나보다 먼저 바람이 아파한다

「퇴직 즈음 40」 全文

「신은 죽었다」「초인사상(超人思想)」, 「짜라투스트라는 이렇게 말했다」 등의 폭탄적 선언과 불후의 저서를 남긴 세계적 철학자 니체(Niezshe, 1844~1900)는 자신의 직업관에 대해 이렇게 규정한 바 있다. "직업은 마치 육체의 등뼈와 같다" 직업의 중요성에 대해 간단명료하게 설파한 명언이다. 등뼈는 육신을 지탱하는 가장 중요한 부분이다. 모든 사람은 자신의 직업과 직분에 충실하고 자신의 일에 보람과 긍지를 지니고 최선을 다해야 할 것이다. 세상에서 할 일이 없는 사람은 그야말로 무용지물이나 별반 다를 바 없다. 홍경흠 시인은 자신의 등뼈나 다름없던 직업, 교육자로서 마치 유통기간이 지난 상품처럼 「나이」라는 한계로 인해 떠밀려나는 아쉬움과 지나간 날들에 대한 온갖 사연을, 그러한 아쉬움에 대해 이렇게 읊조리고 있다.

무거운 걸음으로 현관문을 나서는데 후배 선생님이

요즘 여러 가지로 섭섭하시지요
가시더라도 삭 가시지 말고
남은 기간만큼의 마음은 남겨 놓고 가세요
그래야 우리도 덜 섭섭하지요
그래야죠
오가는 것이 쉬운 것 같지만 그게 만만치 않은 일이라

꽉 잡은 손을 떼지 못해
깊이 껴안는데

헤어지면 만날 수 있는 기회가 자주 없겠죠
무슨 그런 말을, 시간 나는 데로 가끔 들릴게요

넓은 운동장은
임종의 시간 같아서
눈가에 눈물이 맺혔다

「퇴직 즈음 59」 全文

학생이 없다 출석부도 없다 / 일과표가 없다 / 책걸상이 없다 / 시간표가 없다 / 교과서 참고서 컴퓨터가 없다 / 토론이 없다 / 협조와 부탁이 없다 / 쓰레기통도 없다 / 축구공 배구공 농구공 야구공도 없다 / 훌라후프도 없다 / 검사와 지적과 지시와 확인이 없다 / 럭비부가 없다 / 공문서가 없다 / 감사가 없다 / 보고도 없다 / 긴장감이 없다 / 교실도 선생님도 없다 / 운동장도 없다 / 식사시간이 없다 / 출퇴근이 없다 / 아침저녁이 없다 / 낮밤이 없다 / 하루가 없다 / 요일이 없다 / 월별이 없다 / 계절이 없다 / 그동안 나에게 있었던 규칙적인 것과 불규칙적인 것들이 한꺼번에 없어진다 / 잠깐 환하겠지만 곧 나태해진 나는 부인에게 매일매일 혼날 것 같은 예감이 든다 / 꽃다발을 바쳐도 안 되겠지 싸우지 않았으면 좋겠다 죽을 때까지

「퇴직 즈음 60」 全文

팔월의 어느 날
등나무 밑에 앉아 있는데
이파리 하나가
맥없이 떨어지는 것을 보고

싱그럽게 푸르러도
날아오르려는 꿈은

섬세하지 않으면
아픔이 될 수밖에 없다고 생각했다

하물며
뛰어난 뇌라도
퇴행하는 뇌로 보는 정년제는
당연하다, 라고 웃어넘겨도

어디 따뜻한 세상이 없나 싶어
이곳저곳 살피는
나
나는 그런 세상에 갇혀
다른 세상으로 흘러가는

「퇴직 즈음 61」 全文

「퇴직 즈음 60」과 「퇴직 즈음 61」에 대한 인상에 대해 필자는 "고통없는 인생은 없다"는 O.헨리(O · Henny)의 말을 떠올리게 된다. 그리고 그가 남긴 명작 「마지막 잎새」에 담긴 그 의미에 대해 작품과 대비시켜 보고싶다. 인생은 끝없는 고통의 연속이요 시련의 파도가 겹쳐지는 험난한 항해에 비유할 수 있다. 「마지막 잎새」의 의미, 병마에 시달리면서 삶을 포기하려던 주인공에게 무명의 화가가 그려서 매달아놓은 마지막 잎새, 그것은 살려는 의지의 표상이요, 인간을 절망에서 희망으로 전환시키는 신앙과도 같은 것이다. 작품 「퇴직 즈음 61」 중에서 「팔월의 어느날 / 등나무 밑에 앉아 있는데 이파리 하나가 / 맥없이 떨어지」는 것을 바라보는 시인의 심사, 거기에 대비시켜 「마지막 잎새」, 부활의 의미를 지닌 대상은 없는 것일까? 이러한 의문점에 접하면서 직장인, 교육자로서의 홍경흠은 시인으로서의 마지막 잎새, 그것은 작품활동에 더욱 정진하면서 새로운 세계를 창조할 수 있는 길은 존재한다고 말하고 싶다.

작품과 관련시켜 미국의 16대 대통령 링컨(Lincoln), 그 위대한 인간상, 불굴의 개척정신, 삶에 대한 철저한 긍정적 태도를 대비시켜 우리 모두의 교훈으로 성찰(省察)하는 계기가 되었으면 한다. 주지하다시피 링컨은 실패와 불행과 고난으로 점철된 인생의 험난한 노정에서도 그는 결코 실망하지 않고 인류 역사에 영원히 지워지지 않을 업적과 인간 정신의 승리, 그 귀감을 남겼다. 그가 이 험난한 세상에 와서 장엄한 최후를 마칠 때까지 그 중에서의 실패의 일부분을 간추려 볼 필요가 있겠다. 그는 크고 작은 선거에서 무려 일곱 번이나 낙선의 쓰라림을 겪었다. 사업에도 거듭 실패, 17년이란 세월을 빚을 갚느라고 고통을 당했다. 10세에 어머니를 잃었고 20세에는 누이동생과 사별했

으며 27세 때는 그토록 사랑하던 연인「앤 메이」가 불치의 병으로 세상을 떠났다. 42세, 53세 때는 둘째아들 에드워드 (당시 5세), 셋째아들 (당시 12세)을 잃는 쓰라림을 겪었다. 그가 겪었던 사업실패와 선거에 대해 간략히 살펴보자면 이러하다.

1831년 23세 사업실패
1832년 24세 주의회에 낙선
1833년 25세 사업실패
1838년 30세 의회 의장직 낙선
1844년 33세 하원의원 공천 탈락
1855년 47세 상원의원 낙선
1856년 48세 부통령 낙선
1858년 50세 상원의원 낙선

「학생이 없다 / 출석부도 없다 / 일과표가 없다 / 책걸상이 없다 / 시간표도 없다」 이렇게 「없다」로 연결되는 중첩된 이미지를 대하면 구약성경에 나오는 수난을 겪는 「욥記」를 연상하게 된다. 링컨의 생애, 그 일부를 작품과 대비 시켜 본 의도는 「없음」의 연속성에서도 새로운 의미, 성서의 「거듭남의 의미」를 부여하고 싶었기 때문이다.

「퇴직 즈음 29」에 이르면 마지막으로 교정을 나서는 아쉬운 작별이 어떤 부연할 사항, 설명할 필요도 없이 이렇게 그려지고 있다. 학교 입학, 진학, 그리고 교육자의 길로 들어서서 40년간 몸담았던 자신의 등뼈와 같은 이미지, 그 등뼈를 상실하고 모든 연기적 유기관계가 끊어질 상황, 그 과정에 대해 너무나 진솔하고 리얼하게, 또는 절실하다 못해 섬뜩할 정도로 극대화 시키는데 성공하고 있다.

「나는 일에 생명을 걸었다」 이것은 네델란드의 천재화가 고흐(Vincent Van Gogh)의 말이다. 그는 평생을 불우한 환경 속에 살면서도 오로지 그림 그리는 작품생활에 매달리다가 권총 자살로 생애를 마감한 주인공이다. 그는 짧은 생애였지만 자신의 일에 최선을 다했고 인류에게 위대한 예술품을 남겨준 주인공이다.

그토록 자신이 이끼고 사랑하는 일에서 놓여나 교문을 마지막으로 나서는 홍경흠 시인, 그러나 그것은 새로운 부활의 의미, 도약의 길이기도 하다. 시집 「퇴직 즈음」을 상재하는데다가 높은 평가를 받을 수 있는 계기가 될 것이기에 더욱 그러하다. 시인은 평생을 성실하게 교직자로서 흡사 25시를 향한 소(牛) 걸음으로 묵묵히 자신의 천직에 최선의 자세로 임했음을 작품을 통하여 유추할 수 있다. 특히나 「성실」에 대해 가장 역설했던 앙드레 지드의 말이 연상되기도 한다.

자기 이외의 어디에도 존재하지 않는 것에 충실하라.
그렇게 함으로써 자기 자신에게 필요 불가결한 것이 되어라.

Be faithful to that which exists nowhere but in yourself - and thus make yourself indispensable.

(1869~1957, 프랑스 작가)

성경의 고린도전서(15장 2절~44절)에는 이런 구절이 나온다.

썩을 몸으로 묻히지만 썩지 않는 몸으로 다시 살아납니다.

천한 것으로 묻히지만 영광스러운 것으로 다시 살아납니다.

약한 자로 묻히지만 영적인 몸으로 다시 살아납니다.

홍경흠 시인, 그는 비록 교직에서는 태양이 안개비로 샤워를 하는 계량화된 시간에 웃으면서 떠났으나 시인으로서 새롭게 거듭나는, 훌륭한 시인으로서의 길을 더욱 굳건히 다져나갈 것을 믿어 의심치 않는다. 시집 「퇴직 즈음」은 많은 대상에게 「퇴직」이란 문제에 대해 깊은 감명과 함께 공감대를 확장시킬 것이기에 시집 간행을 축원하는 바이다.